harmonia

Fatima Arslantas

# harmonia

POESIE AUF DEUTSCH, ENGLISH, FRANÇAIS, ITALIANO

2. Auflage 2020
© 2020, Fatima Zahra
Umschlaggestaltung: Fatima Zahra
Herstellung und Verlag: BoD - Books on Demand, Norderstedt

ISBN: 9783752685749

*in principio erat verbum*

# Inhalt

deutsch.

∞

dein Lächeln

vor meinen Augen

innerlich in Licht getränkt

in einer Endlosschleife

auf meinen Lippen

dein Lächeln

<u>0</u>

die wörter, sie entgleiten mir

sie sind wasser in meiner hand.

blank und leer bleibt das papier

ein spiegel meines inneren

und zum spiegeln braucht es licht.

## november

dunkel, eisig, kalt und klebrig

ewig, nass und neblig

hässliche erinnerungen

an dunkle

kalte

zeiten


alles

leid

es begann

in ebendiesem monat.

tränen, wie der nieselregen

wo ist die freude hin?

karussell

Ich fühle mich dem Leben nicht gewachsen
dem Alltag, rhythmisch sich im Kreise drehend

Ich schlafe ein. Ich wache auf.
Denken ist ermüdend.
Ich schlafe ein. Ich wache auf.
Leben ist ermüdend.

Zu leben ist zu denken und ich denke viel zu viel
übers Leben nach. Die Welt, kaputt, und ich -

Ich schlafe ein. Ich wache auf. Was wäre, wenn?
Ich schlafe ein. Ich wach nicht auf.

Der Laut des Alltags, schmerzlich mir vertraut
Ich wünschte einfach, ich wär taub.

## angekettetes glück

wimpernschläge flattern
wie unsichtbare schmetterlinge
sanft auf meinem arm
flieg nicht davon!
auch im käfig kann man
freiheit fühlen

<u>schlaflos</u>

gedanken

die mich fesseln

bin weder wach

noch schlaf ich ein


stilles sternenlicht

tränkt meine kissen


wie lange bleibe ich allein?

## nacht

ich kann die sterne nicht mehr sehen
denn meine augen sind bewölkt
und es regnet tränen. zu dunkel
um nach hause zu gehen.

ich kann die sterne nicht mehr sehen
und zweifle an deren existenz.
leuchten sie noch für die welt
wenn sie für mich erloschen sind?

ich kann die sterne nicht mehr sehen
doch ich weiss, sie sind noch da -
oder glaub' ich nur daran.

was unterscheidet
Glauben von Wissen?

intermezzo

manchmal müssen wir den tag

anhalten

um in der Stille schweigend
den gedanken zuzuhören

hast du schon vergessen
wie deine Stimme klingt?
wenn sie lächelt, wenn sie singt?

.

es fällt uns leicht und leichter
blumen - fremd, entwendet -
in unsren garten einzupflanzen
und noch stolz darauf zu sein.

## bildung

lerne dies und lerne das
gehorche stets autoritäten
frag nicht wie und frag nicht was
lass dich formen, lass dich kneten.

## oben auf dem berge

Wehmut ständig sein Begleiter

Unruh, unterdrückt und leise

Flüsternd, zischend, die Gebeine,

Welche Baustein sind der Leiter,

Die ihn an die Spitze führte.


Kissen vollgestopft mit Scheinen

Machen das Gewissen rein

Redet er sich tapfer ein.


Schlafen kann er trotzdem nicht.


Von draussen flimmert Flammenlicht

Doch dringt nicht durch die Augenbinden

Die aus Seide simulieren

Dass er hier doch sicher sei.


Denn es brennt ja nur das Holz

Der Häuser unten

Im Tal.

gratwandern

Ich ziehe um mich Mauern auf
als Schutz vor fremden Schatten

so hoch

dass auch kein Lichtstrahl mehr
den Weg zu mir sich bahnen kann.

<u>ich</u>

ich bin

ein flickenteppich

aus gestohlenen gedanken,

gefühlen, die nicht meine sind.

ich bin

eine Frau,

ein Mann,

ein Kind.

## loslassen

an den Gleisen, halb verlassen
wie oft standen wir schon da
stiessen an mit leeren Tassen
vergassen, was vor uns geschah

suchten zwischen tausend Sternen
alte Zeichen unsrer Zeit
versuchten uns nicht zu entfernen
doch der Weg war viel zu weit.

unsre Träume waren gleich
du warst jedoch noch nicht bereit.

## brüder

O wie liebt sie doch die Flur!
Fühlt sich verbunden der Natur
Dort erfasst sie eine Sehnsucht
Nach der Weite, nach der Flucht
Unerklärlich! Unmöglich.
Der Sohn des Südens, zu weit weg
Sie konnte, wollte nicht verstehen.

O wie liebt sie doch das Meer!
Dort fühlt sie sich nicht allzu schwer
Die ewige Quelle erhält ihr Leben
Lässt sie schweben, lässt sie erbeben.
Unerhört! Ungewollt.
Schaukelnd, träge balancierend
Wird sie wieder untergehen?

## sommernachtstraum

zart, zerbrechlich, Libellenflügeln gleich

ist diese zeitvergess'ne Zweisamkeit

im Goldduft leuchtet unsre Zukunft

in einem völlig neuen Licht

und es beginnt zu dämmern


ich suche dein Gesicht

so anschmiegsam! murmle ich

ofenwarm und butterweich

dein Lachen wie ein Schlummertrunk

erfüllt mich mit Gemütlichkeit


wir lauschen mit Andacht

dem ruhigen Gesang der Nacht

laue Luft umhüllt uns sanft

und wir flanieren Hand in Hand

geniessen unsren Mondscheingang


*ich sollte besser*

*den stift nun niederlegen*

english.

<u>inspiration</u>
(derives from either love or pain)


a spoon of thoughts and honey

dissolving in my coffee cup

drowning.

the taste as bittersweet

as the agony

consuming me.

## forlorn fool

a smile for him

a laugh with her

o, what a happy person.

we love the entertainer

who never fails to cheer us up.

what a gift!

for he does not know pain.

<u>to be so lonely</u>

the bleeding sun had turned the sky
into a sea of gold and wine
the lissom fingers of the shadows
crept in, and kept getting close

as the day perished with an evanescent sigh
the lonely nightingale started to cry
for he could not bear to be left behind
to be the last one of his kind.

<u>unseen</u>

not only alone, but lonely too

venomous thoughts

crying - a menace

five friends but too distraught

to notice you

dying in venice.

## temptation

she's almost
enamoured of death
impalpably impaired
by the susurrous zephyr
luring her lithely
into sweet surrender.

<u>sin</u>

tempting
sweet and tender
but after one bite
you see
it is rotten inside

## place of pleasure

red lights by the highway
attracting lonely gnats
gladly springing their trap

clammy words they say
as they pay momentous money
for sweet ephemeral honey

even though they're supposed to know
that what they're really looking for
is not for sale at all.

<u>silence</u>

it's almost 1 am
raindrops on my window
full stops on my mind
building a crescendo
my feelings, undefined
will never be asleep.

<u>sleep</u>

when every day
and every minute
turn into another fight
there's only gloominess
and no sign of light.

the heart gets heavy
the world unsteady
everlasting weariness
inside out – a mess

all she wanted
was to close her eyes
because in her dreams
far away she flies

## to reach for saturn

I'm watching my home being destroyed
solely by your dulcet voice.
I'm facing unknown fears
I can't deny
a mountain far too high to climb.

I'm drowning in seas that are not deep
perhaps I simply can't swim in my sleep
and this is all
a dying dream.

<u>why</u>

why do you need to be repaired
either fixed or just replaced?
you are no broken vase.

why do you need to be
widely advertised and sold?
you are no product.

why do you need someone else
to evaluate your worth?
you are no stone.

how will you leave
behind your despair
if you only breathe
used air?

s      h
    a   t
     t     e  r
    e    d

I cannot breathe

for the air is filled

with hatred and greed


A g o n y

I cannot bear to see

yet it's burning in the chests

of millions. every day.

they are not free.


*Water*

to ease the pain, to mitigate

I would offer if I could

endless rivers to wash away

all the stains of yesterday


but I am seized with impotence

and lachrymal words

are my only instruments.


the past can neither be rewritten

nor undone

but the Future is a song

yet unsung.

<u>to suffocate</u>

i see Them in a flower,
in motes of whirling dust
dancing slowly in a sunbeam.
in the skies and in my veins -
They're everywhere, it tears me apart

They know my smile, They know my cries
how would i forget Them?
in the seas and in my heart -
They're everywhere, i want to die.

## Virginia

I've never even seen her face
yet I feel as if I knew her soul.

I've never even heard her voice
the sound when she cried
or deeply rejoiced

yet I am touched by lyrics
without knowing their melody

her heart so pure
her mind mature
are now protected
from this dire world.

she is not gone.

her words will live on
her traces won't fade

for angels don't die.

<u>harmony</u>

I am balanced indeed
I feel too much, sometimes


but then again, you see:
I don't feel anything at all.

français.

<u>la pilule dure</u>

être autonome
est une illusion,
la simplicité
n'existe pas

et la passivité
dans la vie
est mortelle

## l'idiotie

c'est vrai

l'ignorance, elle fait

mourir l'humanité.

quand on sait comment

nourrir sa sanité

on a gagné.

## statique

je veux rester au lit

mon cœur, il fait trop froid

pour comprendre ce qu'il dit

je ne peux pas

bouger mes doigts

mais je suis contente.

## la résistance

il est l'esclave de son corps

dominé par les nombres


il pense qu'il est très fort


mais il est une ombre:

faible, maigre, allongé.

mange, mange! ils disent

enfin, il aime souffrir.

l'opprobre

vivre, c'est mentir pour elle
car elle porte le lourd fardeau
de la famille dysfonctionnelle

coincée entre l'art déco
et le nouveau réalisme. la solution:
une double vie

le dépaysement, quelle paralysie -
où est le réel et où est l'illusion?

elle déteste son héritage
et son masque devient son vrai visage.

## la liberté

je ne peux plus supporter

la vue de mon visage

le miroir, mon ennemi

car le soir, les tarentules

elles s'évadent de leur cage

## toi

je suis un étranger

dans un monde cassé

je veux pas me taire


quand je vois

avec mon cœur

c'est clair

que c'est toi

qui es ma lumière


quand je suis emprisonné

tombé dans l'obscurité

c'est seulement toi

qui peux finir la guerre

de l'intérieur pour l'éternité.

## l'appel de vide

tu cries et cries

moi, je seulement écris.

est-ce que mes mots

peuvent te sauver?

tu seras déjà

mort

## à ciel ouvert

je me sens bien consolée
par les feuilles des arbres
qui font des cachotteries.

mon sourire: emporté
tièdement par le vent
mes souvenirs, ils s'enfuient
ils ne sont plus qu'estivants:
pas restants.

j'envie les arbres quelquefois
pour être bien enracinés
mois après mois, toute l'année:
je suis abattue
une fois de plus.

## avant le coucher du soleil

doucement
le soleil t'embrasse.
tes yeux deviennent
des pots de miel
le visage, poésie vivante
sourire est facile
car tout semble splendide
pendant l'heure d'or.

## naïveté

trop de choses sont incertaines

mais je sais que cette affaire

ne sera pas éphémère


plein de certitude j'attends

tout le temps le bon moment

même si ça signifierait

saluer la fin du monde

## rêverie

la lueur de la lune diffuse et blafarde
fait chatoyer les tuiles du château
un reliquat de l'ère avant l'avant-garde

loin de tout, où personne ne s'y trouve
au bout du monde, où les nains sont hauts
je voudrais rester là-bas (avec toi)
bien que ce soit, sans aucun doute,
seulement un signe de la nostalgie de la boue

## le doute

je veux être comment tu me vois
car je suis une meilleure personne
avec toi


ou est-ce que je me trompe moi-même?
peut-être que je vois du vent
dans une nuit sereine.

## décembre

l'air hivernal
comme des millions de couteaux
minuscules, froids, glaciaux
coupant ma peau, mes poumons,
mon cœur

un chocolat chaud
comme un pauvre substitut
à la chaleur de ton amour
absent

## danse macabre

*chut, chut, il faut se taire*

*chut, chut, il faut se glisser*

. . . . . . .

**gris, corps**

**ils craindront: que la grammaire puisse**

**décréter trop**

**grassement criez, criez donc -**

mise en place, vite vite, allons-y!

*- oui, oui, rapidement nous arrivons!*

mais ha ha ha - crois-tu qu'il n'y ait

pas de haine dans les poignets?

quel brouhaha où on se noierait!

ni l'ami ni l'amour n'échappent à la mort.

*clair de lune, faites attention*

*aux châtaignes blanches*

- la coccinelle, quelle coquine

elle porte la clé pour le cabinet!

*la mission n'a pas fini*

*à la tombe -*

**LA BOMBE**

italiano.

## più che parole

l'amore ha molte maschere
la più bella delle quale
però è la poesia.
può esprimere quello
ch'è ineffabile
e quello ch'è effimero
diventa eterno

## lei

linee lievemente arcuate

curve danzanti,

mai sfiorate

graziosa come un cigno

involucro carnale – un'opera d'arte

non solo un disegno

incentivante

la voglia.


sublimità di una leonessa

si illumina - non riflessa.

e gli uomini si trasformano in girasoli

però non conoscono mai la grazia

della lillà di Caprioli.


non è il desiderio

che sento io:

è l'ammirazione

per l'estetica

la donna: che poetica!

## lo specchio

mellifluo è il sussurro

del sicofante elegante.

sa come favellare

con le parole come burro

in cui si nascondono

dei frammenti taglienti

sembra che

chi vuole nuocere agli altri

è danneggiato egli stesso.

## la lupa

i miei pensieri
sono snelli

nessuno mi ha vista
forse la mia anima
è invisibile
perché son addolorata.

eventualmente la vita addolcirà
l'amarezza dell'eternità.

<u>pane</u>

il vuoto non mi spaventa

voglio amare

ne accetto la pena

ma ho solo

un po' di pane.

*soprav*vivere

non è facile soffrire
per un dolore passeggero
non è facile morire
di morte nebulosa.

fammi conoscere la mia fine!
io lo sento ed io lo so
che il tempo è breve
e la vita si scioglie
come la
neve.

<u>odio</u>

portami via
lontano dai sentimenti
e dalla mia mente
perché non posso più
sopportare di essere
io

<u>serenata</u>

se i miei sentimenti

sono una sinfonia

il compositore

sei

tu

## sette e mezza

il tuo amore m'è dolce

come un bacio

di una fata della morte

cosa hai fatto con il mio cuore?


mi prendo il rischio


il pianto è pieno

dell'illimitato silenzio


sballato.

<u>strano</u>

siamo incarcerati

le strade strette

i pensieri piatti


non so quando parti

non so

se siamo mai arrivati.


siamo stranieri

in casa nostra

abbiamo perso la nostra sosta


via, via, nostalgia!

sono qua.

la città è mia.

<u>il peso del pensiero</u>

voglio ballare senza pensare

magari qua, magari al mare

forse stasera, forse domani

forse tu mi vuoi accompagnare


io respiro struggentemente

irraggiungibile: il sole, il sale

la tua assenza mi fa male.

## onnipresente

nella notte, nei miei sogni
siamo fra le nuvole insieme
- realtà sbagliata

ho dimenticato tutto
oh, mi sento stupida
perché non so, io
come lasciarti

vado nell'oscurità
e non ho nostalgia

<u>l'altruista</u>

voglio vederti fiorire,
ti voglio annaffiare
con tutto quello che ho
come una delle mie piante.

tu però non mi appartieni,
e tu non vedi che mi sta
distruggendo
notte per notte

ma non è importante
spero solo
che tu sia contento.

<u>la morte dell'amore</u>

la vita,

poco a poco,

si riduce in macerie.

neve bianca

torna rossa

quando il mio cuore sanguina.


rimango

nell'ombra

del nostro amore

smemorato

<u>la fine</u>

il tempo si p ol ve r i z z a

in migliaia d'istanti

e le ultime stelle

si troveranno

a  nau

fra

gare

in un oceano di paura